쭈니벨의 「세상모든」 시리즈

세상 모든 중장비

세상 모든 자동차

세상 모든 경찰차

세상 모든 소방차

세상 모든 어마어마한 중장비

세상 모든 밀리터리

자동차 기차 배 비행기 대백과

자동차 기차 배 비행기 대백과2

세상 모든 명품자동차 열한 나라 이곳저곳

세상 모든 명품비행기 6대주 52나라

세상 모든 GOGOGO! 긴급자동차

세상 모든 판타스틱 슈퍼카

세상 모든 신들의 UFO

세상 모든 클래식카

세상 모든 날쌘돌이 이륜차

세상 모든 특수한 자동차

세상 모든 명품클래식카 다섯나라 100여종

세상 모든 날아라 점핑보드

세상 모든 공항나라 알고가기

세상 모든 자동차
어떻게 갈까?

세상 모든
비행기 박물관

세상 모든 똑똑한 로봇

세상 모든 윙윙 드론

자동차퀴즈왕
트랙터의 모든 것

자동차퀴즈왕
자동차의 모든 것

자동차퀴즈왕
트럭의 모든 것

자동차퀴즈왕
메가머신의 모든 것

자동차퀴즈왕
바이크의 모든 것

자동차퀴즈왕
우주선의 모든 것

세상 모든
별난 탈것들

세상 모든
대중교통 타볼래?

세상 모든
친환경 차차차

세상 모든
쌩쌩기차

세상 모든
농기계들

세상 모든 어마무시한
탱크

세상 모든 여행,
뭘 타고 갈래?

꿈을 꾸는 어린이
드론 대백과

세상 모든 콜럼버스도
타고픈 버스들

세상 모든 배타고
지구 한 바퀴

기획 | 탈것발전소

우리가 사는 멋진 세상을 보려면 걷거나 타야 되잖아요? 이 꿈같은 세계를 멀리, 높게 가려면 반드시 「탈것」이 필요하지요. '탈것발전소'는 세상의 탈것들을 모아모아 여러분의 궁금증을 풀어주려고 연구하는 곳이에요.

총괄 편성 | 유병용

초등학교 때 미술경연대회에 나가 입상한 인연으로 오늘까지 그림과 디자이너로 살고 있어요. 「출판전문기획사」를 운영하면서 어린이들의 눈높이에 맞도록 어려운 내용을 알기 쉽게 풀어쓰는 마이더스손을 가지게 되었답니다. 그동안 3000여종의 표지디자인과 200여권의 책을 꾸몄습니다.

대표작으로는 만화 〈**야구광의 詩**〉전 3권 / 〈**어린이 위인전 핸드북**〉전 30권 / 〈**어린이 과학도서**〉전 40권 / 판타지〈**오케아노스**〉전 3권 / 〈**세계 삽화 백과**〉전 2권 / 〈**한국의 전통 삽화**〉전 9권 / 〈**어린이 드론 대백과**〉 / 〈**아이작 아시모프의 우주**〉전 2권 / 〈**공룡세계**〉 등등 · · ·

추천 | (사)한국자동차기술인협회

이 협회는 대한민국 자동차전문기술인들만이 모인 단체랍니다. 병들고 아픈 자동차를 쌩쌩하게 달릴 수 있도록 고치는 '자동차 의사 선생님들'이죠. 이런 곳에서 여러분들께 강추하는 자랑스러운 책이랍니다.

세계 명품 자동차 투어

초　판 발행 | 2018년 8월 20일
개정신판 1쇄 | 2026년 1월 15일

기획 | 탈것발전소
총괄 편성 | 유병용
펴낸곳 | 주니어골든벨
발행인 | 김길현
등록 | 제1987-000018호　ⓒ 2018 GoldenBell Corp.
주소 | 서울시 용산구 원효로 245(원효로 1가 53-1) 골든벨 빌딩 6F
전화 | 02-713-4135　**팩스** | 02-718-5510
홈페이지 | www.gbbook.co.kr
ISBN | 979-11-2414-19-3
정가 | 16,000원

사진제공 아이클릭아트 / 프리픽스 / 픽사베이 / 골든벨 월드카 / 현대자동차 / 기아자동차 / 메르세데스 벤츠 / 비엠더블류 / 아우디 / 폭스바겐 / 포르쉐 / 쉐보레 / 포드/ 크라이슬러 / 지프 / 테슬라 / 링컨 / 캐딜락 / 시트로엥 / 푸조 / 르노 / 부가티 / 피아트 / 마세라티 / 페라리 / 람보르기니 / 롤스로이스 / 랜드로버 / 미니 / 도요타 / 혼다 / 닛산 / 마쯔다 / 볼보 / 스코다 / 세아트

* 주니어골든벨은 (주)골든벨의 어린이 도서 브랜드입니다.

World Luxury Car Tour

세계 명품 자동차 투어

기획 | 탈것발전소
총괄 편성 | 유병용
추천 | (사)한국자동차기술인협회

주니어골든벨

차례

영국
롤스로이드
재규어
랜드로버
미니
미국
쉐보레
포드
크라이슬러
Jeep
지프
테슬라
링컨
캐딜락
스페인
세아트

스웨덴
VOLVO
볼보
독일
벤츠
BMW
bmw
폭스바겐
PORSCHE
포르쉐
아우디
체코
SKODA AUTO
스코다
대한민국
KIA
현대
기아
이탈리아
FIAT
피아트
마세라티
페라리
람보르기니
프랑스
시트로앵
PEUGEOT
푸조
RENAULT
르노
BUGATTI
부가티
일본
도요타
혼다
NISSAN
닛산
마쓰다

1 대한민국

korea

수도 : 서울
언어 : 한국어
면적 : 99,720km²
인구 : 약 5천 117만 명

◀서울에 위치한 남산N타워

남산N타워

서울 한복판에 솟아있는 남산 정상에 지어진 빛나는 관광타워. 여기서 바라보는 서울의 야경은 환상적이랍니다.

국립중앙박물관

우리나라 5,000년 역사가 녹아있는 세계적인 박물관이랍니다.

전주한옥마을

전주는 후백제의 도읍이었으며, 조선 태조의 본향으로 왕조의 뿌리에요. 또 한식과 한복, 한지 등 우리 문화의 참맛이 살아 있는 고장이지요.

경복궁

조선을 건국한 태조 이성계가 서울로 천도하여 지은 600여 년 궁궐을 말해요.

설악산

태백산맥이 뻗어나가는 강원도에 속해 있는 명산. 사계절 시시각각 아름답게 변하는 절경의 국립공원입니다.

해운대

부산광역시에 위치한 해수욕장이에요. 한국 8경(景)의 하나로 꼽히는 명승지이며, 해운대 자체의 8경이 또 있을 정도로 예로부터 많은 사람들의 찬탄을 받았지요.

• 비빔밥

갖은 야채와 고명으로
비벼먹는 우리의 전통 음식.
세계인들의 사랑을 받는
우리나라의 퓨전음식이에요.

• 불고기

옛날에 궁궐에서 먹던 고급요리.
양념을 재운 고기를 익혀먹는
아주 맛있는 음식입니다.

• 떡볶이

가래떡을 간장 양념에 또는
고추장 양념에 볶거나 끓여서
먹는 음식. 대표적인 길거리
음식 중 하나이기도 합니다.

• 삼계탕

한국의 대표적인 보양요리.
우리나라를 방문하는 외국인
들도 즐겨 먹어요.

• 세종대왕

우리나라 역사상 최고의 성군
우리글 한글을 창제하셨고,
백성들을 위해서 과학을 장려
하여 많은 발명품을 만들어
널리 이로움을 펼치셨어요.

• 안중근 의사

대한제국 말기에 계몽
운동가이자, 독립운동가.
조선 침략의 원흉이자 일본의
우두머리인 이토 히로부미를
만주 하얼빈역에서 총살해
버린 대한제국의 사령관입니다.

• 충무공 이순신 장군

조선 중기 일본이 대군을
이끌고 침략했을때 육지에서
패전을 거듭하여 전 국토가
멸망의 위기에 처해 있을 때
바다를 굳건히 지켜내고
왜군과의 해전에서 연전연승
으로 나라를 구해낸
조선의 해국제독 이십니다.

• 광개토대왕

역사상 최고의 정복왕.
공식 명칭은
국강상광개토경평안호태왕.
동북아 땅을 거의 정벌하여
광활한 영토를 이룩하였어요.

1 현대 Hyundai

현대자동차는 1967년 설립된 회사에요. 초기에는 미국과 일본 등에서 기술을 지원받아 자동차를 생산하였으나, 1976년 처음으로 국산차(포니)를 내놓으면서, 아시아에선 일본 다음으로 독자 자동차 생산국이 되었어요.

코나

아슬란

i30

벨로스터

더 뉴 그랜저

엘란트라 GT

투싼

LF쏘나타

아반떼

그랜저 HG

제네시스 GV80

포터2

LF쏘나타 하이브리드

팰리세이드

i30

스타렉스

달려보자! 경부고속도로~

1968년 2월 착공하여 1970년 7월에 개통된 우리나라 에서 제일 긴 고속도로. 당시 서울에서 부산을 가려면 12시간 이상 걸렸으나, 이 고속도로의 개통으로 5시간으로 단축됐어요.
그리고 이 도로는 우리나라 경제발전과 산업화에도 크게 기여했지요~

2 Kia 기아

1944년 자전거를 만드는 회사로 출발하여 1962년에 기아산업이란 이름으로 바꾼 후 화물차부터 만들기 시작하였어요. 1970년대에 이르러 승용차 브리사를 처음 생산하여 현대자동차와 경쟁하게 되었습니다.

K8 하이브리드

K3

쏘렌토

쏘울

뉴 모닝

니로

쏘울

레이

프라이드

K9

뉴 카니발

모범택시도 있답니다~

택시 중에 '모범'이라고 쓰여 있는 택시가 있어요. 모범택시는개인택시를 10년 이상 무사고로 운행한 운전자만이 몰 수 있답니다.
아차! 일반 택시보다 운임이 더 비싸다는거 잊지마세요!
그만큼 더 서비스가 좋답니다~

2 독일

Germany

수도 : 베를린
언어 : 독일어
면적 : 357,000km²
인구 : 약 8천 290만 명

함부르크 항구

독일 제 2의 항구도시입니다. 우리나라의 부산항과 대조해 보아도 재미있어요!

쾰른 대성당

1248년 공사를 시작하여 완공되기까지 무려 600년이 걸린 고딕스타일 대성당이에요.

독일 연방의회 의사당

우리나라로 치면 국회의사당 역할을 하는 곳이지요.

독일 브랜드별 자동차 모음

브란덴부르크 문

베를린(파리저) 광장에 있는 독일의 상징과도 같은 구조물이랍니다.

노이슈반슈타인 성 독일에 가면 꼭 가봐야 할 세계에서 가장 아름다운 성입니다. 디즈니랜드의 모티브가 될 정도로 드라마틱한 성입니다.

자우어 크라우트

독일 채소요리의 대명사입니다.
절인 양배추에 소시지와
각종 고기요리를 곁들여 먹습니다.

슈바인스학세

돼지 다리를 구워서 만든 바이에른
지방의 고소한 요리입니다.

부어스트

독일에 가면 이 음식을 꼭 먹어봐야 해요.
그 유명한 독일 소시지가 무려 1,500종이나
되고 그 맛과 향도 정말 환상이에요

베토벤

음악가로서 영웅, 운명, 합창 등
수없이 많은 교향곡과 오페라, 쏘나타 등
많은 위대한 작품을 남겼어요.
그런데 놀랍게도 그는 청각장애인이었어요.
음악가가 소리를 못 듣는다는 게
상상이나 되시나요?
그런데도 그는 불후의 명곡들을
작곡해 나갔어요.

임마누엘 칸트

18세기 철학자 칸트.
당시 사람들은 그의 움직임을 보고
시계를 맞출 정도로 규칙적인 생활을 했대요.
1781년 발표한 순수이성비판은
유명하답니다.

오토 폰 비스마르크

흩어져 있던 독일을 통합하고
독일을 강성하게 만든
철의 재상이에요.

Mercedes Benz

1 메르세데스 벤츠

가솔린으로 가는 자동차는 1885년에 발명되었는데요. 칼 벤츠는 이때 가솔린엔진을 얹은 3륜자동차를 처음 만들었으며, 이어서 4륜구동의 자동차를 만든 것이 고틀리트 다임러로서, 이 두 사람은 각자 자신들의 이름을 붙여 회사를 만들었습니다. 이 두 회사는 1차 세계대전이 끝난 후 합쳐져서 메르세데스 벤츠라는 브랜드 이름으로 탄생하게 되었어요.

◀다임러와 벤츠가 최초로 상용화한 자동차

AMG GT

E-클래스 카브리올레

G-클래스

SLS AMG

SLS AMG 2

GLE-클래스

AMG-GT

E-클래스 카브리올레

CLA-클래스

A-클래스

시탄

비아노

S-클래스

C-클래스

탈 것 문화의 끝판왕 아우토반!

독일의 고속도로를 아우토반이라고 부르는데요.
이 도로는 속도의 제한이 없데요. 즉 자동차가 낼 수 있는 최대 속력으로 달릴 수 있다는 거죠. 그렇다고 모두 그런 건 아니고 권장속도도 있답니다. 차량을 컨트롤 할 수만 있다면 얼마든지 빨리 달릴 수 있다는 뜻이지요.
그래서 여기는 속력이 200km/h 이상은 보통으로 볼 수 있다네요.

BMW

2 비엠더블류

BMW는 독일 바이에른주의 뮌헨에 본사를 두고 있는 자동차와 바이크 생산 메이커입니다.

바이에른 자동차 제작소

회사 명칭에 지명이 들어 있는 점이 재미있어요. 그 만큼 독일인들의 자부심이 녹아 있어요.

i3

Z4

X6

3 시리즈 투어링

X4

아빠!
BMW는 어떻게
읽어야 하나요?
어른들은
비엠더블류라고
읽던데?
영어식 발음으로는
맞지만, 독일에서는
'베엠붸'라고
말한단다.

5시리즈

7 시리즈

X3

6 시리즈 그란 쿠페

2 시리즈 그란투어러

X1

3 시리즈

연예인들은 어떤 차를 탈까?

연예인들은 주로 짐칸이 유독 큰 밴을 많이 타고 다닌다고 하네요~
밴은 많은 짐을 싣기에 아주 편리하다고 합니다.

1 시리즈
M XF 5094
M GC 6667
I8
M GI 8830
1 시리즈
M XF 5074
6 시리즈 카블리올레
M YA 4678
X5

3 아우디 Audi

아우디는 복잡한 배경을 가지고 있는 자동차 제조업체입니다.

A3 스포츠백

1932년에 4개의 자동차 회사가 합병하여 만들어진 아우토 유니온(Auto Union)이 그 전신이죠. 통합의 중심에는 1910년 아우구스트 호르히가 창업한 호르히 사가 있었다고 하네요.

네 개의 링은 각각 네 개의 회사를 의미하는 것입니다.

R8 스파이더

Q7

A3 카브리올레

TT 로드스터

R8 쿠페

S1 스포츠백

TT

Q7

A6

Q5

A8

A3

A3 스포츠백

Q3

TT 로드스터

Volkswagen

4 폭스바겐

폭스바겐은 독일어로 국민차란 말입니다. 1934년 독재자 아돌프 히틀러가 구상하고 오스트리아 출신의 자동차 전문가 포르쉐 박사가 개발했어요.

차의 모양이 딱정벌레 닮았다고 해서 비틀이라 불리며 크게 히트를 치면서 오늘날 폭스바겐의 기초가 되었답니다.

폭스바겐 비틀

골프 올트랙

폴로 R

XL원

5 포르쉐

Porsche

포르쉐는 스포츠카의 명문이죠.
폭스바겐에 있던 포르쉐 박사가 자신의 비틀을 스포츠카로 만들어 발표한 것이 메이커로서의 시작이었답니다.

카레라 카브리올레

카이엔 터보S

박스터S

카이맨 GT4

GT3

파나메라 터보S

포르쉐의
앰블럼은 정말
화려해요.

마칸 S

파나메라 GTS

3 미국

USA

수도 : 워싱턴 D.C.
언어 : 영어
면적 : 9,833,517km^2
인구 : 약 3억 3,999만 명

렛츠 고~!

미국에 대하여 자세하게 알아보아요!

디즈니 랜드

전 세계 최대의 놀이 테마파크입니다. 4개의 테마공원과 2개의 워터파크로 이루어져 있으며, 화려함과 다양한 놀이 프로그램은 절로 탄성이 나오게 하지요.

할리우드

LA에 위치한 할리우드는 우리가 좋아하는 미국 영화산업의 중심이랍니다.

그랜드 캐니언

애리조나주 북서부 고원지대를 콜로라도 강이 흐르며 오랜 세월에 걸쳐 침식시켜 생긴 거대한 협곡입니다.

디트로이트

미시간주의 최대 도시로서 미국 최대의 자동차산업 중심지랍니다. 특히 디트로이트 모터쇼는 세계적으로 유명합니다.

뉴욕

많은 대학·연구소·박물관·극장·영화관 등 미국 문화의 중심지에요.

워싱턴 DC

미국의 수도를 말합니다. 백악관과 워싱턴 몰을 중심으로 도시 자체가 하나의 정원과도 같은 아름다움을 간직하고 있답니다.

에이브러햄 링컨

남북전쟁을 승리로 이끌고 흑인노예를 해방시켰으며, 정치에서도 자신을 반대하는 측에서도 능력 있으면 과감히 등용하는 지도력을 보여줬던 위대한 대통령이었어요.

토마스 에디슨

무려 1,000종이 넘는 발명을 했으며 특히 백열전구와 축음기의 발명은 인류의 삶에 크게 이바지를 했어요.

알베르트 아인슈타인

독일태생의 천재 물리학자는 이렇게 말했습니다. "나는 머리가 좋은 게 아니라 문제가 있을 때 좀 더 오래 생각했을 뿐입니다." 그 사람이 바로 알베르트 아인슈타인이에요.

헨리 포드

포드는 두 번씩이나 자동차 사업에 실패했지만, 불굴의 의지로 재기하여 역사상 가장 많이 팔린 자동차를 생산하여 대성공을 이루었습니다. 미국에서 실패자들에게 성공의 기회를 열어준 자동차왕입니다.

햄버거

미국을 상징한다고 할 수 있는 요리죠. 최고급 등심으로 만든 수제 버거부터 간편한 패스트푸드 버거까지 다양한 종류들이 있습니다.

핫도그

기다란 빵에 소시지를 끼워 케첩, 겨자, 피클 등을 넣어 먹는 간편한 음식입니다.

터키로스트

미국 가정에서 추수감사절에 항상 등장하는 음식이랍니다. 칠면조 구이죠.

해산물

미국은 육류도 즐겨먹지만 해산물들도 소비가 많아요. 바다가재, 연어, 새우, 청어 등도 버터나 튀김 등으로 익혀서 야채와 함께 즐겨먹어요.

Chevrolet

1 쉐보레

1911년 스위스 출신의 루이 쉐보레가 미국의 디트로이트에서 창업한 회사입니다. 1918년에는 GM그룹 산하로 들어가게 되는데요. GM그룹 안에는 뷰익, 캐딜락 등 여러 브랜드가 있지만, 그 중 쉐보레가 가장 일반적이고 대중적인 브랜드가 되었습니다.

▲1983년 미국 라이트 형제의 세계 최초의 비행기

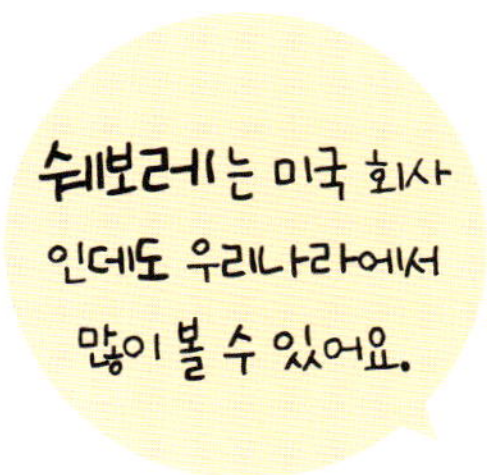

임팔라

SS

카마로 Z28

스파크

콜로라도

차 구조

콜벳Z06

타호

스파크

타호

콜벳

올란도
OR-777-DO

크루즈

말리부

볼트

서버밴

에퀴녹스

Ford

2 포드

1903년 헨리 포드가 창업한 포드는 자동차 산업에 큰 영향을 끼친 메이커랍니다. 왜냐고요? 컨베이어 벨트를 사용한 생산방식으로 대량생산 기술을 확립시킨 회사거든요. 기존에는 비싼 가격 때문에 일반인의 손길이 미치지 못했던 자동차를 대중들도 살 수 있는 가격으로 판매하는데 성공하면서 큰 성공을 기록하게 됩니다.

쉘비 GT500

머스탱

쉘비 GT500

포드 GT

셸비 GT500

타리우스

포드 GT

C-맥스 하이브리드

KA

포커스 ST

퓨전

익스플로러

Chrysler

3 크라이슬러

크라이슬러는 제너럴모터스,
포드와 함께 미국 3대 자동차 회사인데요.
변화하는 시대의 흐름을 읽지 못해 한때는 경영 위기를 겪기도 했답니다.

크라이슬러 200

그랜드 보이저

300C 컨버터블

델타

퍼시피카

크라이슬러 300

크라이슬러 300-C

입실론

퍼시피카

Jeep

4 지프

네 바퀴가
모두 움직이는
4륜구동에다가
아주 튼튼하기도 하지.

전쟁터에서 군인들이 목숨을 맡길 수 있는 차!
그것이 지프가 탄생된 이유입니다. 아무리 험한 길도
씽씽 달릴 수 있는 차가 바로 지프차랍니다.

전쟁터에서
쓰려고
만든 차라니!

그럼 아주
튼튼한
차겠군요.

그랜드 체로키

랭글러

랭글러 언리미티드

리버티

랭글러 언리미티드

Jeep®

컴패스

레니게이드

5 Tesla 테슬라

테슬라는 특이하게 2003년 미국 IT전자산업 디자인 실리콘 밸리에서 탄생하였습니다. 역사가 길진 않지만 전기차의 메이커로서 큰 주목을 받고 있습니다.

모델3

모델 S

로드스터
미국 서부의 샌프란시스코 남쪽에 있는 컴퓨터 IT산업과 관련된 첨단산업이 모여있는 산업단지야.
기름이 아닌 전기배터리로 가는 자동차를 전기 자동차라고 하지.

모델 X

로드스터

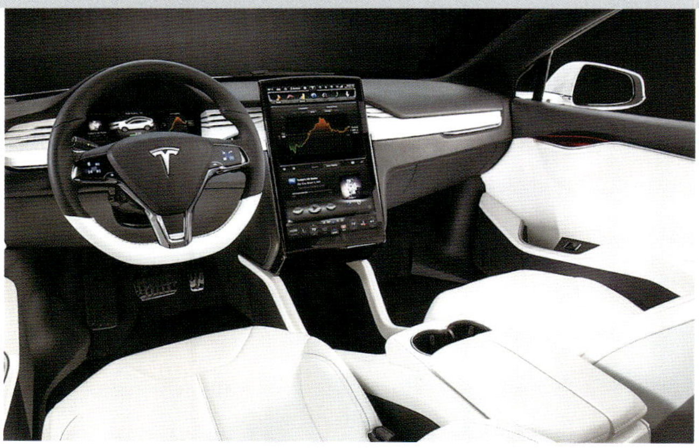

6 Lincoln 링컨

1917년 헨리 리랜드가 창업한 고급자동차 브랜드입니다. 미국 16대 대통령 링컨에서 이름을 따온만큼 대통령이 타는 의전용 전용차를 생산했어요.

MKZ

MKS

MKC

MKZ 하이브리드

MKZ

MKT

MKX

내비게이터

Cadillac

7 캐딜락

명차의 대명사로
불리는 캐딜락은
그 이름을 미국 자동차의 메카 디트로이트를
개척한 프랑스 귀족의 이름에서 가져왔어요.

ATS쿠페

ATS-V 쿠페

XTS

CTS

CTS-V 세단

에스컬레이드

ELR

SRX 크로스오버

4 프랑스

France

수도 : 파리
언어 : 프랑스어
면적 : 64만 3701km²
인구 : 약 6,475만 명

베르사유 궁전

수도인 파리에서 남서쪽 베르사유 시에 있는 17세기 부르봉 왕조가 지은 바로크식 건축물입니다.

몽생미셸

북부 브르타뉴와 노르망디 경계에 자리 잡은 섬인데 고색창연한 성의 모습과 해안가는 영화에도 많이 나와요.

프랑스의 고속철도 TGV

프랑스는 일찍이 고속철도가 발달하였습니다. 세계 최초로 300km/h대로 달리는 속도의 제왕이었습니다. 그래서 우리나라도 이 TGV 시스템을 도입하여 우리 설정에 맞게 개발한 것이 바로 KTX 고속철도입니다.

에펠탑

근대 이후 프랑스를 상징하는
가장 대표적인 상징이 되었지요.

루브르 박물관

세계 3대 박물관으로 꼽히고,
유명한 화가들의 명작들도 전시되어
전부 3개 동으로 나뉘는데 1개 동을 도는데
반나절이나 걸린다네요.

맛있는 음식

바게트

밀가루, 물, 이스트, 소금만으로 만든 가늘고 길쭉한 몽둥이 모양의 프랑스 빵이에요.

크루아상

버터를 듬뿍 넣은 반죽으로 겹겹이 층을 내 초승달 모양으로 만든 프랑스의 페이스트리예요.

코코뱅

닭을 포도주로 푹 삶아내는 가정식 스튜 요리. 여기에 당근, 양파, 양배추, 순무 등의 야채와 양송이버섯, 육수, 향신료 등으로 조리해요.

에스카르고

식용 달팽이 요리. 프랑스인들이 즐기는 특이한 요리입니다. 물론 맛도 좋지요.

와인

"와인을 마실 뿐만 아니라 그것들을 폐부까지 흡입하고, 쳐다보고, 맛보고 삼킨다. 그리고 난 후에는 그것들과 대화한다" 라는 유명한 말이 있죠~

프랑스의 위인들

나폴레옹 보나파르트

"나의 사전에 불가능은 없다."
코르시카섬의 가난한 가정에서 태어나
군사학교를 졸업하고 혁명의 여파로
30대에 황제로 등극해 유럽을 정복하고
프랑스의 강력함을 떨친 영웅입니다.

루이 14세

"짐은 이제 죽는다. 그러나 국가는 영원하리라"
를 남긴 프랑스 역사상 가장 강력한 왕권을
가졌던 왕. 그의 별명은 태양왕으로
불리었습니다.

빅토르 위고

시인이자 소설가.
그의 작품에는 레미제라블이
널리 알려져 있어요.

샤를마뉴 대제

서유럽을 석권하고 서로마황제가 되었던 인물.
대제의 밑에 12명의 사령관이 유명해요.

·1760년 프랑스의 증기차

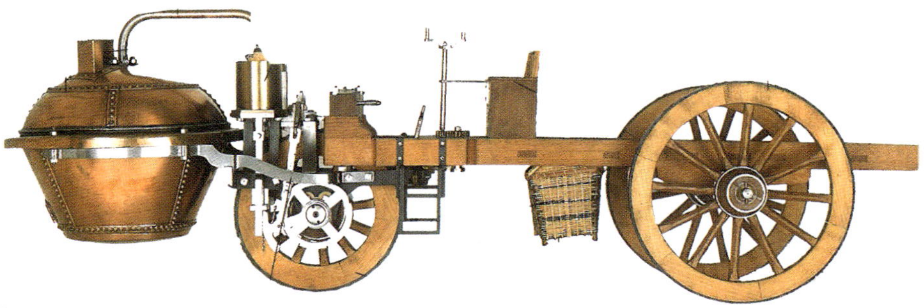

1 Citroen 시트로엥

철물 가공업을 하면서 부를 축적한 앙드레 시트로엥은 1919년에 자동차 업계로 진출했답니다. 시트로엥은 2개의 산 모양을 모티브로 한 로고로 기술과 디자인이 모두 독특하다는 평판을 지닌 회사랍니다.

C6

C4

C4 피카소

DS 4

모든 차가 뒷바퀴 구동이 당연했을 때,
시트로엥은 1934년에 앞바퀴 구동의 차를 내놓았지.
우주선 모양의 차를 내놓는가 하면 에펠탑
조명에 회사광고를 점등시킨 것도 유명하단다.

C4 칵투스

C3 에어크로스

점퍼 콤비

DS 파이브

C0

C1

DS 3 카브리오

네모 콤비

그랜드 C4 피카소

C5

바다의 자동차는 배! 페리선이란?

페리선이란 주로 관광을 위해 타는 배예요. 페리선은 시간표에 따라 정해진 구간을 오가기 때문에, 관광뿐 아니라, 섬사람들에게 육지의 물건을 전달해 주는 역할도 한답니다.
육지에는 차가 있다면 바다엔 배가 있답니다~

2 푸조 Peugeot

1810년 철강공장을 창업한 푸조는 1889년 증기자동차를 생산했어요.
자동차를 처음 발명한 것은 독일의 벤츠와 다임러지만, 푸조는 처음으로 대량생산을 시작한 세계 최초의 200년 역사를 가진 회사랍니다.

208 XY

308 GT

RCZ

4008

PEUGEOT

C4

아이온

파트너 테피

PEUGEOT

508 RXH

508

108

엑스퍼트 테피

3 르노 Renault

르노 자동차는 엔지니어 출신의 루이 르노에 의해 1896년 설립되었습니다.
긴 역사를 자랑하는 르노는 2000년에 와서 우리나라의 삼성자동차를 인수하여 르노코리아자동차로 활약중입니다.

클리오 R.S

캡처

카자르

캉구

캡처

에스파스

콜레오스

라구나

RENAULT

QM6

세닉

트래픽

트윙고

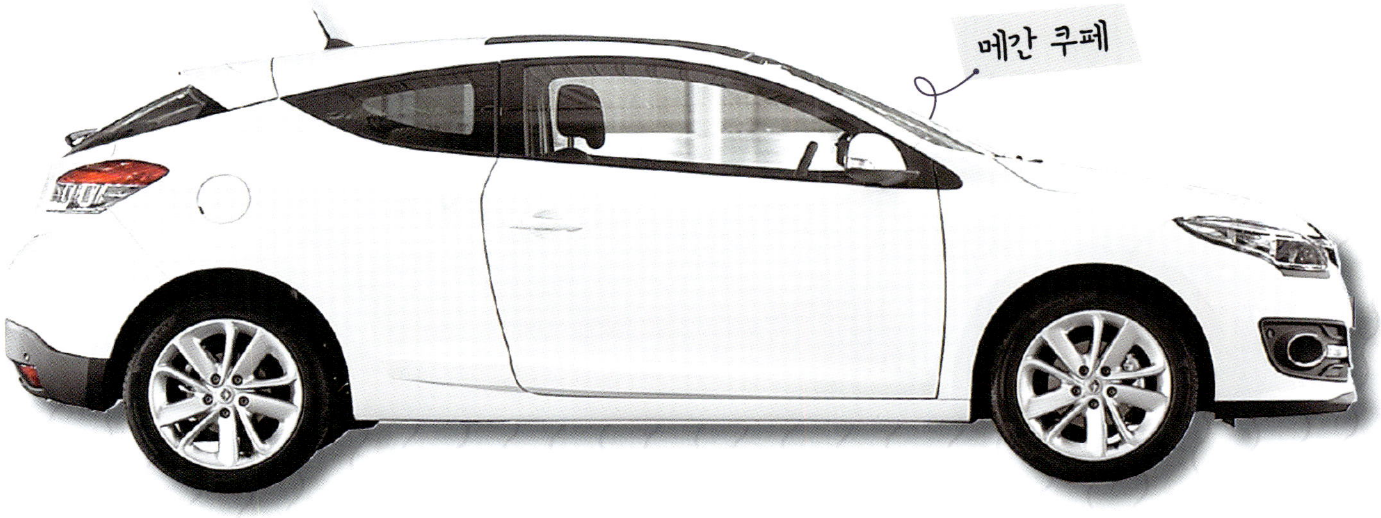
메간 쿠페

조이

탈리스만

메간 카브리올레

4

Bugatti

부가티

1909년 에토레 부가티가 창업한 스포츠카 브랜드입니다. 창업 초기부터 고급차 브랜드로 이름을 날렸는데요, 현재는 슈퍼카를 전문으로 생산한답니다.

시론

시론

케이론

베이론 16.4

슈퍼카란 최고의 파워로 최고의 주행성능을 하는 차라고 말할수 있지.

베이론

베이론

베이론 16.4

1932년 Royale

갈리비에

5 이탈리아

Italy

수도 : 로마
언어 : 이탈리아어
면적 : 약 30만km^2
인구 : 약 5,887만 명

바티칸

세계에서 가장 작은 나라인데 교황청이라는 타이틀로 유명합니다. 교황청 건물 하나가 나라인 셈이죠.

콜로세움

수도 로마에 위치한 고대 로마시대에 건축된 원형 투기장입니다.

산마르코 대성당

이탈리아 북부 베네치아에 있는 동로마 건축양식의 세계적인 관광명소입니다.

피사의 사탑

토스카나주의 피사시에 있는 피사 대성당. 동쪽에 있는 유명한 탑. 5.5 경사로 기울어져 있는데 보수공사를 해도 복구가 힘들다네요.

지중해의 푸른 바다, 그리고 맛의 여행~ 이탈리아

파스타

이탈리아 면(국수) 요리의 대명사. 스파게티, 페투치네, 마카로니 등 수십 가지의 면 요리가 있어요.

리조또

쌀을 볶은 다음 소스를 곁들어 끓여낸 우리나라의 죽과 같은 음식이에요. 뱃사람들이 오랜 항해를 하는 동안 즐겨 먹는 음식입니다.

젤라또

이탈리아식 아이스크림. 달콤하고 진뜩진뜩한 맛이 좋아서 아이들이 즐겨 먹어요.

피자

우리나라에도 널리 퍼져서 더 말이 필요없는 이탈리아 음식이에요.

이탈리아에선 누가 유명할까요?

율리우스 카이사르

케사르라고도 불립니다.
고대 로마제국의 정치가이자, 군인.
갈리아(지금의 프랑스와 독일)을 정복하고
이집트, 영국까지 원정했던 장군이에요.

지아코모 푸치니

이탈리아 작곡가, 유려하고도 애절한
정에 넘치는 선율, 자신의 양식에 적합할 뿐만
아니라 청중에게도 호소력이 큰 대본의
선택 등에 의하여 큰 성공을 거두었어요.

레오나드로 다빈치

르네상스 시대에 이탈리아 천재 화가이자
조각가, 발명가. 모나리자, 최후의 만찬 등의
작품으로 잘 알려져 있어요.

갈릴레오 갈릴레이

물리학자, 천문학자입니다.
일찍이 지동설을 주장하였으며,
물리학과 천문학의 아버지라 불린답니다.

이탈리아 교통수단과 탈 것 문화!

페라리, 람보르기니, 마세라티 등 유명한 명차들의 고향. 이탈리아는 뛰어난 스포츠카를 제작하는 나라답게 모터스포츠에서도 강세를 보인답니다. 그중에서도 스쿠데리아 페라리는 F1경주 대회에서 5년 연속 우승을 하기도 해서 세계 모터 스포츠를 대표한다고 할 수 있습니다.

1

Fiat

피아트

1889년 창립된 피아트는 이탈리아 최대의 기업으로, 일반차, 상용차, 군용차 등 각종 차를 생산한답니다. 본사와 공장은 이탈리아 북서부의 토리노시에 있습니다. 자동차 뿐만 아니라, 금융, 기타 제조업에도 참여하고 있어요.

도블로

친퀘첸토 컬트

프리몬트

판다

친퀘첸도

친퀘첸토L

스트라다

친퀘첸토

친퀘첸토X

프리몬트

두카토

큐보

스파이더

판다

친퀘첸토S

도블로

Maserati

마세라티

1914년 마세라티 가문의 다섯 형제는 이탈리아에서 가장 오랜 역사를 자랑하는 스포츠카 브랜드 마세라티를 설립합니다. 심볼마크는 바다의 신 포세이돈의 삼지창을 새겼습니다. 특이하게 엔진음을 내기 위해 작곡가를 초빙하였다는 사실이 있습니다.

기블리

그란카브리오 MC

그란투리스모 MC 스트라달레

르반떼

그란투리스모 스포츠

그란카브리오 스포츠

콰트로포르테 S Q4

콰트로포르테

Ferrari

3 페라리

보통의 자동차 회사들은 기술력을 과시하기 위해 레이스에 참여하지만, 반대로 페라리는 레이스만 하기 위해 설립되었답니다. 알파로메오라는 자동차 회사에 근무하던 엔초 페라리가 1947년 페라리 자동차 회사를 탄생시켰습니다.

488GTB

캘리포니아 T

F12 베를리네타

FF

FXX-K

페라리는 메이커가 된 후에도 레이스 경기와 꾸준히 관계되었고 그 결과, 지금의 슈퍼급 스포츠카들이 탄생될 수 있었단다.

488GTB 내부

라 페라리

라 페라리 옆면

Lamborghini

4 람보르기니

지금 소개하는 스포츠 자동차 메이커 람보르기니는 페라리의 영원한 라이벌로 불린답니다. 근데 그 시작은 농사짓는 트랙터를 만드는 회사였습니다.
그러나 비교적 짧은 기간에 고성능 스포츠카를 생산하여 점차 페라리와 쌍벽을 이루는 큰 발전을 했어요.

아벤타도르 LP700-4 로드스터

아벤타도르 LP750-4 슈퍼벨로체

우라칸 LP610-4

베네노

센테나리오

가야르도 New LP560-4

우르스

우라칸

6 영국

United Kingdom

수도 : 런던
언어 : 영어
면적 : 약 24만km^2
인구 : 약 6,773만 명

버킹엄 궁전

현재의 영국 여왕이 거주하고 있는 궁전입니다.
7월과 9월 시즌 동안 일반인에게도 입장이 가능한데요.
근위병 교대식은 멋진 장관이래요.

대영 박물관

영국에서 가장 크고 유명한 국립 박물관입니다.
대영제국 시절에 세계 각지에서 수집한 500만점이 넘는 소장물을 자랑하고 있어요.

스톤 헨지

윌트셔주 솔즈베리 평원에 있는 고대의 유물로 태양 숭배와 천문에 관련되어 있는데 50t이나 나가는 거석들을 어떻게 옮겨다 세웠는지도 의문이랍니다.

런던 브릿지

런던 하면 떠올리는 유명한 다리입니다.

· 영국의 교통 수단과 탈 것 문화!

빨강색 2층 버스는 런던의 상징이자, 명물입니다. 2층 앞자리에 앉으면 런던 시내를 구경하기가 좋아서 관광객들에게 큰 인기랍니다. 1863년 개통된 지하철은 세계 최초인데요, 개통 당시엔 증기기관으로 움직였다네요. 두 가지 타입으로 기차가 운영되며 넓고 넓은 런던 시내를 촘촘히 이어주는 대동맥 역할을 하지요.

에프터눈 티

영국은 일찍이 차 문화가 발달하여 점심과 저녁 사이인 오후 3~5시 사이에 간식과 함께 에프터눈 티타임을 즐겨요.

잉글리쉬 블랙 퍼스트

달걀 프라이, 베이컨, 소시지, 블랙푸딩, 해시브라운 등 다양한 먹거리로 구성되는 전통 아침식사인데요. 푸짐함을 넘어 엄청난 고칼로리 식사랍니다.

피시 앤드 칩스

넓게 뜬 흰살생선에 튀김옷을 입혀 튀겨낸 뒤 튀긴 감자와 소스를 곁들인 요리랍니다.

로스트비프

소고기를 오븐에서 구운 요리 중 하나입니다.

· 트라팔가르 해전

영국 해군은 효과적인 전술과 훌륭한 지휘관들로 바다를 장악했어요. 넬슨은 해전에서 연전연승하며, 이집트로 건너가는 나폴레옹을 추격했고, 프랑스 함대를 발견해 기습공격을 가했어요. 이후 프랑스 군을 대양으로 끌어내 트라팔가르에서 해전을 벌였고 대승을 거두어 해상교역권을 장악했어요.

엘리자베스 1세 여왕

16세기 튜더왕조의 마지막 군주인 그녀는 잉글랜드가 대영제국으로 발돋움 하는 굳건한 토대를 마련하였어요.

윌리엄 셰익스피어

인도와도 바꾸지 않겠다는 위대한 작가. 영국이 낳은 세계 최고의 극작가로서의, 비극을 포함한 38편의 희곡과 시집을 저술하였다.

아이작 뉴턴

근대 이론과학의 선구자로 불려요. 수학에선 미적분법을 창시했고, 물리학에선 유명한 뉴턴역학을 확립하였어요.

1 Rolls-Royce 롤스로이스

귀족인 스튜어트 롤스와 기술자였던 프레드릭 로이스가 1906년 롤스로이스 자동차 회사를 창업하였습니다. 이 후 항공기 분야까지 진출하게 됩니다. 창업자가 귀족이어서인지 화려하고 고급스러운 자동차를 만듭니다. 현재는 독일의 BMW의 자회사로 있답니다.

던

던

팬텀 쿠페

팬텀 드롭헤드 쿠페

팬텀 시리즈 2 SWB

고스트 시리즈 2

팬텀 시리즈 EWB

레이스

Jaguar

2 재규어

재규어는 우아함 뿐만 아니라 스포티한 고급차 생산으로 유명한데,
1922년 윌리엄 라이몬즈가 잉글랜드 북서부에서 창업하였습니다.
1935년 고성능 스포츠 모델 재규어를 출시하여 대히트를 쳤어요.

XE S

XJ

F-페이스

E-페이스

XJR 575

XJR 575

F-타입 V8 S

F-페이스

3 Land Rover
랜드로버

1948년 로버 컴퍼니는 다목적 오프로드 차량을 발표하게 되는데, 이것이 랜드로버의 시작입니다. 개발자인 모리스 윌크스는 앞서 소개한 지프 차량의 참고하였다고 하네요. 1978년 랜드로버는 별도로 독립하게 되는데요. 4륜구동의 롤스 로이스라 불리는 브랜드를 확립하게 됩니다. 현재는 재규어와 한 가족입니다.

미국의 지프처럼 튼튼한 차겠군요.

'오프로드의 명가'라고 불리기도 한다니 말 다 했지.

레인지 로버 5.0 V8

디펜더

디스커버리

디스커버리 4

이보크 컨버터블

스포츠

이보크

디스커버리 스포츠

4

Mini

미니

1959년 브리티시 모터스 컴퍼니는 앙증맞은 소형차 미니를 개발했는데요.
나오자마자 큰 인기를 끈 이 차는 별다른 설계 변경없이
2000년까지 40년 동안 생산했어요.

5도어

클럽맨 쿠퍼D

클럽밴

로드스터 쿠퍼S

미니 쿠퍼 3도어

클럽맨 쿠퍼S

페이스맨 쿠퍼S

컨트리맨 쿠퍼S

7 일본

Japan

수도 : 도쿄
언어 : 일본어
면적 : 약 37만km²
인구 : 약 1억 2,700만 명

도톤보리

서민적인 분위기를 느낄 수 있는 일본의 번화가에요.

구마모토성

일본 규슈 구마모토에 있는 구마모토성이에요.
구마모토성은 가토 기요마사가 1607년에 지은 성이죠.
지금의 성곽은 1960년에 복원한 것이지요.

오사카 성

일본 3대 성중의 하나
화재로 손실된 후 근래에 와서
철근 콘크리트로 복원했다네요.

아키하바라

만화 왕국 일본을 대변하는 상가입니다.
만화, 애니메이션, 게임에 관한
상품들이 판매되고 있어요.

도쿄타워

도쿄의 미나토 구에 있는 철탑으로 정식 명칭은 일본 전파탑입니다. 전망대에 오르면 도쿄 시내를 전망 할 수 있죠. 50년 넘게 도쿄의 상징으로 여겨지고 있어요.

맛에 신경쓰고 모양에 신경쓰는 일본 요리 탐험~

스끼야키

일본식 불고기 전골 요리, 쇠고기, 채소, 두부, 버섯 등을 간장과 설탕으로 간을 맞추어 자박하게 끓여 달걀물에 찍어 먹는답니다.

오코노미야키

일본식 튀김 요리. 밀가루를 우동물에 개어 각종 재료를 넣고 지져 먹습니다.

돈부리

큰 그릇 속에 밥을 담고 그 위에 요리를 얹어서 먹는 일본식 덮밥입니다.

초밥

가장 일본을 대표하는 음식이라고 할 수 있죠. 초와 소금을 친 흰밥을 갸름하게 뭉친 뒤에 고추냉이와 생선을 얹어 만든답니다.

누가 유명할까요?

미야자키 하야오

애니메이션을 예술의 경지까지 끌어올린
최고의 애니메이터 중 한 명으로서
이웃집 토토로, 모노노케 히메 등의 작품으로
유명해요

오다 노부나가

일본 전국시대의 다이묘.
끝없이 전쟁으로 일관하던 전국시대를
끝낼 기반을 닦은 사람으로 근세 이후 일
본 역사에 큰 영향을 끼친 인물이에요.

무라카미 하루키

소설가로서 한 시대를 풍미한 작가.
그의 작품은 대부분 서구권에서
번역 되었으며 우리나라에서도
인지도가 높아요.

Toyota

1 도요타

1926년 도요타 사키치는 자동방직제작소를 운영했는데, 그의 아들 키치로는 사내에 자동차 제작 부서를 설치해서 독립했어요. 그것이 일본 최대의 기업 도요타 자동차, 현재는 폭스바겐, GM과 세계 1위를 다투는 상위권 자동차 회사가 되었답니다.

이 회사차는
미국에서도 쉽게
볼 수 있대요.

알파드 하이브리드

타코마

캠리

툰드라

전 세계에
진출해 있지만, 주로 일본과
미국을 최대 거점으로
삼고 있지.

캠리 하이브리드

아발론

랜드 크루저

비츠

아쿠아

캠리 하이브리드

프리우스 알파

코롤라 엑시오

랜드 크루저

시에나

프리우스 C

라브4 하이브리드

일본의 대표적인 교통수단인 신칸센!

신칸센은 1964년 도쿄올림픽에 대비하여 만들어진 고속전철입니다.
개통 당시에는 시속 200km 정도였다고 합니다.
이 신칸센은 개통이래 53년 동안 단 한 건의 인명사고가 없었어요. 철저한 안전과 정확한 시간에 도착해서 국민들의 관심과 애정을 받고 있어요.
지금 이 고속전철은 전국에 깔려 일본의 동맥이 되고 있습니다.

2

혼다

Honda

1946년 공학자 혼다 소이치로가 설립하였습니다. 기술을 중시했던 그였기에 혼다기술연구소로 시작하였습니다. 처음에는 모터사이클을 만들다가 1960년대부터 자동차산업에 참여하였어요. 창업정신을 받들어 항공기, 로봇 등의 기술집약적인 분야에도 진출해 있답니다.

자동차 전문 회사 인줄로만 알았어!

세계 최초로 두발로 걷는 로봇 아시모를 만들어 세상을 놀라게 했었어!

어코드

어큐라 ILX

어큐라 RLX

시빅 타입 R

어큐라 TLX

어큐라 MDX

시빅

파일럿

파일럿

N-원

S660

어큐라 TLX

오디세이 앱솔루트

오디세이

N-박스

어큐라 MDX

3 Nissan 닛산

1911년 설립된 카이신사 자동차 공업으로 시작하여 1933년 현재의 닛산자동차가 탄생하였어요. 90년대 경영난에 부딪혔으나, 1999년 프랑스의 르노가 막대한 지분으로 르노-닛산 얼라이언스를 출범시켜 부활에 성공했으며, 고급 브랜드로 인피니티를 출시하여 운영중 입니다.

알티마

인피니티 Q40

인피니티 Q50

인피니티 Q30

맥시마

무라노

인피니티 QX80

리프

데이즈

인피니티 Q30

인피니티 Q60 컨버터블

인피니티 Q30

주크

패스파인더

e-NV200

컨버터블과 로드스터의 차이!

▲컨버터블

▲로드스터

컨버터블과 로드스터의 차이는 무엇이 있을까? 컨버터블에는 열었다 닫았다 할 수 있는 지붕이 있다면, 로드스터에는 지붕이 아예 없어요. 로드스터는 주로 컨버터블보다 작고 2인승이랍니다~

Mazda

4 마쯔다

1920년 코르크병 마개를 생산하는 동양 코르크 공업사가 이 자동차 회사의 모태래요. 그 후 1931년에 3륜차를 만들기 시작했고, 1960년엔 스포츠 쿠페를 만들었는데 크게 히트해서 1984년 마쯔다로 변경했습니다.

마쯔다만의 특징이 있나요?

독일의 반켈이 고안한 로터리 엔진을 쓰는 것으로 유명하지.

아텐자 왜건

아텐자

로드스터

MX-파이브

MX-5

스크럼 왜건

프리머시

데미오

8 스웨덴

Sweden

수도 : 스톡홀름
언어 : 스웨덴어
면적 : 45만km^2
인구 : 약 1,061만 명

북부 유럽의 스칸디나비아 반도에 있는 입헌 군주국입니다.
스웨덴은 일찍이 방위산업이 발달하여 군함과 전투기 등을 독자적으로 만들어 왔지요.
물론 세계적인 자동차 회사도 있어요.

스톡홀름 대성당

스톡홀름에서 가장 오래된 13세기의 성당으로 왕가와 귀족들의 문장으로 장식된 내부에는 볼 것이 많아요.

감라스탄

수도 스톡홀름의 구시가지 지역인데, 스웨덴 왕국의 옛모습과 정취가 고스란히 남아있어요.
동화의 나라 같아서 볼거리가 많아요.

바사 박물관

스웨덴 왕국의 가장 오래된 전함으로 막강했던 스웨덴 해군의 바사호가 통째로 전시된 박물관입니다.

오로라

스웨덴에 가면 밤하늘에 신비하고
아름다운 기상 현상의 향연을 구경할 수 있어요.
신이 보낸 선물이라고도 하지요.

미트볼

돼지고기, 소고기, 닭고기 등의
다진고기를 동그랗게 뭉쳐
기름에 튀긴 요리인데요.
소스의 향이 참 이채롭답니다.

그리블락스

절인 연어 요리입니다.
춥고 긴 겨울 탓에 저장 식품의
음식이 발달한 스웨덴이지요.

크네케브뢰드

호밀로 만든 빵으로, 바삭바삭한
납짝빵 또는 비스킷으로 가볍고
오래 보관하기 쉬워요.

링곤베리 잼

링곤베리 잼은 과육이 그대로
살아 있어서 바르면 링곤베리
알이 유혹적이라서 참을 수 없는
비주얼이에요.

바이킹과 배

스웨덴과 노르웨이, 덴마크 등 지금의 북유럽 지방에 살던 노르만인들이 8세기 말에서 11세기 초까지 남하하면서 유럽 각국을 침략하여 이주한 시기가 있었는데요. 사람들은 그들을 바이킹이라고 불렀답니다.
바이킹은 뛰어난 조선술과 항해술을 가지고 있었습니다. 그들의 배는 크게 두 가지 종류로 나눌 수 있는데, 탐험, 무역, 전투 등의 다목적 선박인 드라카르(Drakkars)와 무역, 수송에 특화된 크노르(Knarr)입니다.
바이킹은 유럽을 약탈할 때에도 수로를 많이 이용했는데, 이러한 뛰어난 기동성을 바탕으로 한 전술을 구사해 당시의 다른 민족과의 전투에서 우위를 점할 수 있었습니다.

칼 구스타프 16세

현재 스웨덴 국왕이랍니다. 왕족 신분임에도 평범한 일반인인 실비아와 결혼한 러브스토리가 유명하죠.

잉그리드 버그만

스웨덴이 낳은 할리우드 여배우입니다. 1940년대 영화사에 길이 남을 대배우로서 '카사블랑카''누구를 위하여 종을 울리나' 등이 있어요.

알프레드 노벨

스웨덴의 발명가 겸 기업가로 기존의 화약보다 더 안전하고 위력적인 다이너마이트를 발명했답니다. 임종하기 전에 전 재산을 기부하여 자기 이름을 딴 노벨상을 만들었습니다.

Volvo

1 볼보

볼보는 1927년에 에테보리에서 본사를 두고 설립되었어요. 이 회사의 기업이념은 '항상 안전 해야 한다.'는 것입니다. 험난한 지형과 기후를 이겨낼 튼튼한 자동차를 생산한다는 것이죠.

세계표준 3점식 안전벨트가 볼보의 발명품이죠.

C70

S60 플러그인 하이브리드

V40

V60 크로스 컨트리

XC40

S80

XC70

S60

XC40

XC90

V40 크로스 컨트리

S 90

자동차의 명칭을 알아보자~

9 체코

Czech
Repulic

수도 : 프라하
언어 : 체코어
면적 : 7만 8000km²
인구 : 약 1,049만 명

프라하 성

과거 합스부르크 왕가 루돌프 2세가 번영을 누렸던 성인데, 하나의 도시라고 해도 좋을 거대한 성입니다.

천문시계

프라하 구시가지 광장에 있는 천문시계입니다. 2명의 시계공과 1명의 수학자가 만들었는데, 정각이 되면 종소리가 울리면서 시계 안에서 '인형들이 나라'라는 1분 정도의 볼거리를 제공한답니다.

카를교

체코에 가면 고색창연한 중세건물이 볼만한데,이 카를교는 다리 위에 30개의 위대한 인물들이 동상으로 세워져 있는데, 정말 볼만하답니다.

오스트라바 돌니 비트코비체

200년도 더 된 탄광 제철소에요.
지금은 문을 닫았지만 산업도시의 상징처럼 오스트라바에 자리잡고 있는 바라 보기만해도 근사한 곳이랍니다.

스비치코바

체코식의 스테이크 요리.
증기로 쪄서 만드는 흰 빵을
함께 먹어요.

굴라시

소고기에 양파, 고추, 파프리카
등을 넣어 끓인 스튜요리.
동유럽 인들이 즐겨먹는
음식이랍니다.

바노카

체코에선 크리스마스 때 이 빵을
먹는답니다. 달콤한 쿠키와
함께 먹는답니다.

안토닌 드보르자크

신세계 교향곡으로 널리 알려진 클래식 작곡가입니다.

얀 후스

15세기 종교개혁의 기틀을 마련한 신학자. 마틴 루터보다 100년 앞서 종교개혁을 위해 활동한 선구자입니다.

프란츠 카프카

체코의 천재 작가.
대표작으로는 변신, 심판 등이 있습니다.

베드르지흐 스메타나

체코의 음악가.
체코가 주변강국들에 시달릴 때 조국을 생각하며 "나의 조국"을 작곡하였답니다.

Skoda

1 스코다

동유럽을 대표하는 자동차 메이커로서 확고한 스코다는 1885년 오토바이와 4륜 자동차를 제조했지요. 하지만 이 나라를 둘러싼 전쟁과 혼란은 국가에 큰 시련을 주었어요. 1925년 지금의 스코다로 이름을 정하고, 독일의 폭스바겐과 함께 동유럽에서 맹활약하고 있어요.

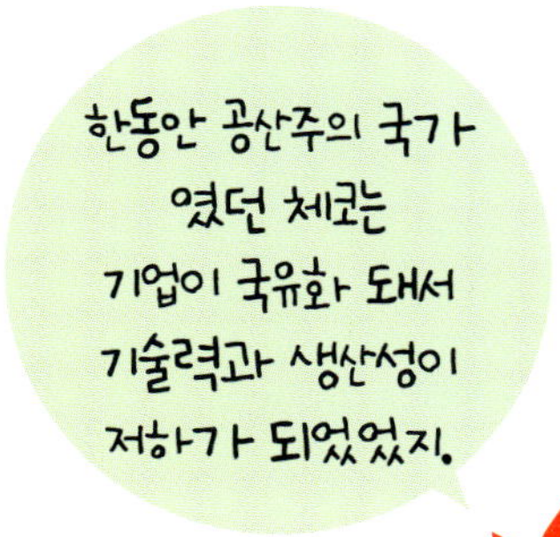

시티고

파비아 콤비 & RS

옥타비아

예티

코디악

옥타비아 콤비

파비아 RS

룸스터

수퍼브

라피드

옥타비아 콤비

파비아 콤비

중부유럽의 교통허브 체코!

체코는 중부유럽과 동부유럽에서 가장 선진화된 교통망을 갖춰 말 그대로 중부유럽의 교통 허브입니다.
체코는 유럽의 정중앙에 위치해 있어 발달된 도로망과 9,588 km 에 달하는 철도망은 유럽국가 중 단위 면적에서 가장 높은 수준이랍니다.

10 스페인

Spain

수도 : 마드리드
언어 : 스페인어
면적 : 약 50만 5000km^2
인구 : 약 4,752만 명

프라도 미술관

마드리드의 유명한 미술관입니다. 르네상스 시대부터 현대에 이르기까지 거장들의 작품이 전시되어 있답니다.

도냐나 국립공원

이곳은 다양한 서식 환경으로 유명해요! 멸종위기종의 조류가 서식하고 있다네요. 약 500,000마리 물새가 해마다 이곳에서 겨울을 난답니다.

구겐하임 미술관

프랭크 게리가 디자인한 미술관으로 이 미술관에 도착한사람들은 미술관에 들어가기 앞서 자연스럽게 미술관을 한 바퀴 돌고 들어간다고 해요. 360도 입체적인 미술관으로 유명해요.

사그라다 파밀리아 대성당

바르셀로나에 있는 카톨릭 대성당입니다. 천재 건축가 가우디가 심혈을 기울인 야심작입니다.

알함브라 궁전

이슬람 세력(무어인)들이 정착했던 시절에 그라나다 지방에 지은 궁전으로 극도의 세련된 아름다움을 자랑하는 곳입니다.

엠빠나다

빵 반죽 안에 다양한 속 재료를 넣고 반죽을 반으로 접어 굽거나 튀긴 스페인식 만두 요리입니다. 중남미에서도 많이 먹습니다.

추로스

길쭉하게 튀긴 빵인데요, 일종의 도넛으로 분류하고 있습니다.
대개 녹인 초콜릿에 찍어먹는 것을 좋아하고,
아예 초콜릿으로 반죽을 만든 초콜릿 추로스도 있다고 하네요.

빠에야

프라이팬에 고기, 해산물, 채소를 넣고 볶은 후 물을 부어 끓이다가 쌀을 넣어 익힌 스페인의 전통 쌀 요리입니다.
과거 이슬람 지배의 영향으로 탄생했다고 하네요.

미겔 데 세르반테스

영국의 셰익스피어와 함께 16세기 유럽문학을 대표하는 대문호랍니다. 돈키호테는 그의 대표작이지요.

파블로 피카소

스페인의 화가이자, 조각가입니다. 게르니카, 아비뇽의 처녀들 등 다수의 명작을 남겼습니다.

프란시스코 피사로

스페인의 정복자. 남미의 잉카제국을 멸망시켰어요.

플라시도 도밍고

세계 3대 성악가로 불리는 사람입니다.

스페인의 무적함대

Seat

1 세아트

세아트는 스페인의 국영기업입니다.
1950년대에 바르셀로나에서 탄생하였어요. 초기엔 이탈리아의 피아트와 기술제휴로 자동차를 생산하였고, 80년대엔 독자 모델 이비자를 내놓았습니다.
그 후 독일의 폭스바겐의 산하로 들어가 '기술과 라틴적 요소의 융합'이라는 테마를 구현시킨 자동차를 내놓고 있습니다.

영어로 SEAT라 해서 시트라고 읽을 뻔 했어요.

"세아트" 라고 읽어주렴~

아로나

이비자

레온 ST 쿠프라

레온 ST

아로나

레온 SC

톨레도 FR LINE

이비자 SC 쿠프라

대항해 시대

15세기~17세기 유럽의 나라들이 바닷길을 통해 새로운 땅을 찾아 나서던 시대를 말합니다.
아프리카, 아시아, 아메리카 등 대양을 헤치며 식민지를 개척하고 황금을 찾아 나섭니다. 이 와중에 스페인은 오늘날 미국 중서부와 남미의 브라질, 라틴아메리카, 필리핀, 아프리카 서부 일대까지 장악하는 대제국을 건설하였습니다. 그러나 16세기 말 영국과의 해전에서 패한 후, 그 패권은 영국에게 내어주고 말았지요.

유아들을 위한
그림책이 나왔어요!

세상 처음 시리즈 탄생

세상 처음 1

자동차 경찰차 소방차
힘센차 슈퍼카 클래식카

기획편성 | 쭈니벨공작소

붕붕! 탈것 친구들

한 권에 담은 그림책! 신나는
탈것 세상으로 떠나 보세요!

세상 처음 2

안녕!! 내친구 자동차

기획편성 | 쭈니벨공작소

빵~빠앙! 이건 무슨 차일까요?

우리 아이의 첫 번째 자동차 친구,
이제 여기서 만나보세요!

세상 처음 3

안녕!! 내친구 힘센차

기획편성 | 쭈니벨공작소

힘센차들이 한 자리에 모였어요!

힘차게 땅을 파고 흙을 옮기고
힘센 차들의 멋진 세상!

「세상 처음」
시리즈
출시 예정

똑똑 도서관

쭈니벨의 「세상가득」 시리즈

똑똑도서관 1

세상가득 꼼꼼경제

글: 안명철 그림: 이도연

똑똑도서관 2

지구촌을 개척하는 아이들

글: 지식발전소

똑똑도서관 3

부릅뜨고 꼼꼼 안전

글: 이미현

똑똑도서관 4

부릅뜨고 똑똑 표지판

글: 이미현

똑똑도서관 5

마술같은 과학실험 교과서

글: 주니어 과학교실

똑똑도서관 6

어린이 기상예보

감수: 서태건, 구마 켄이치

똑똑도서관 7

그럼, 인공지능 IQ는 얼마지?

글: 야마구치 유미

똑똑도서관 8

우주정거장 10일 동안 살아보기

글: 데라조노 준야
감수: 백윤형